1

1

1

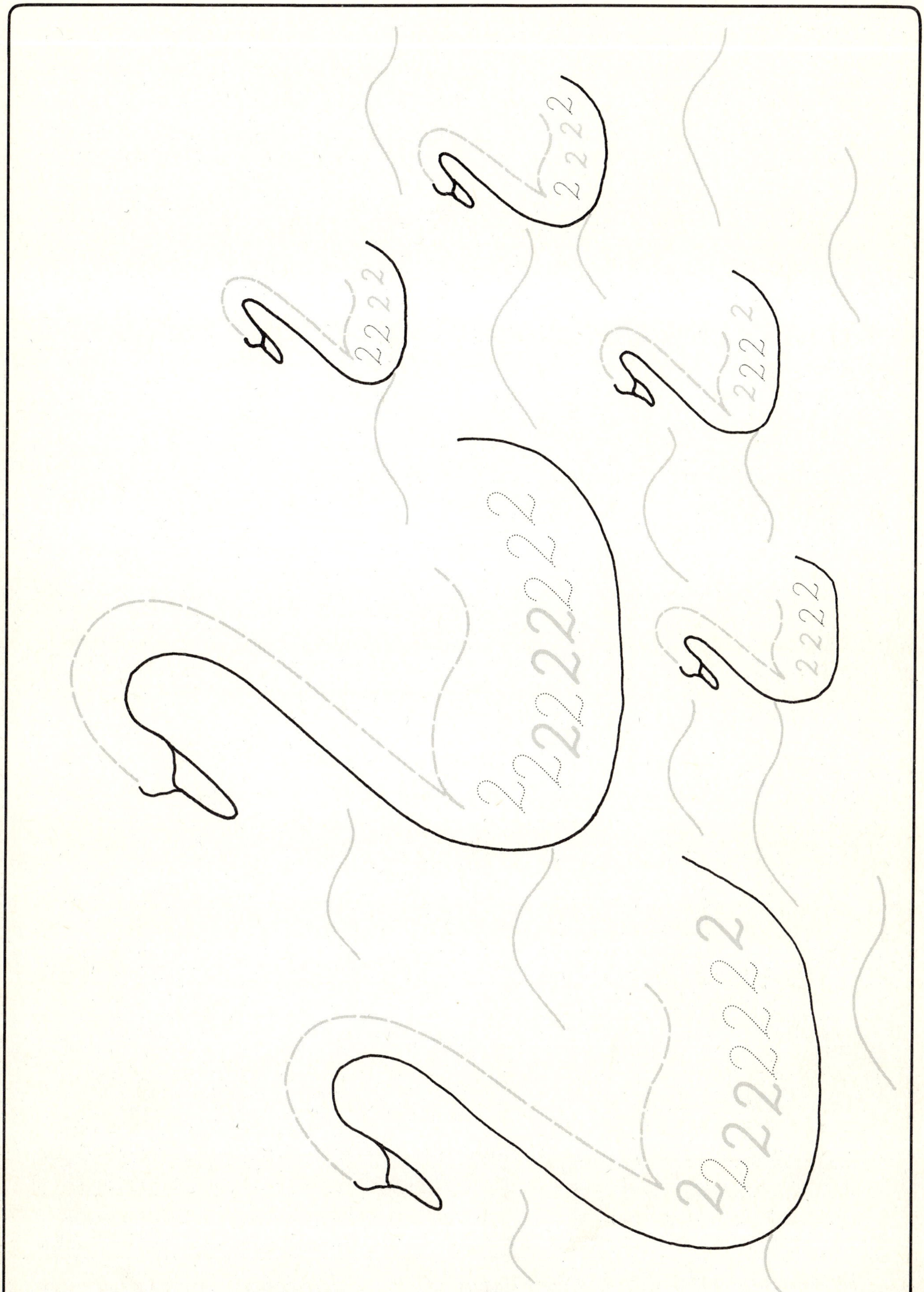

2 2 2 2 2 2 2 2 2 2 2 2

2 2 2 2 2 2

2 2 2 2

2 2

2 2 2 2 2 2 2 2 2 2

1 2 1 2

2 2 2 2

2 2 2

1 2 1 2

3 3 3 3 3 3

3 3 3

3 3 3 3

3 3

3

3

3 3 3 3 3

1 2 3 1 2 3

3 3 3 3

3 3 3 3

1 2 3 1 2 3

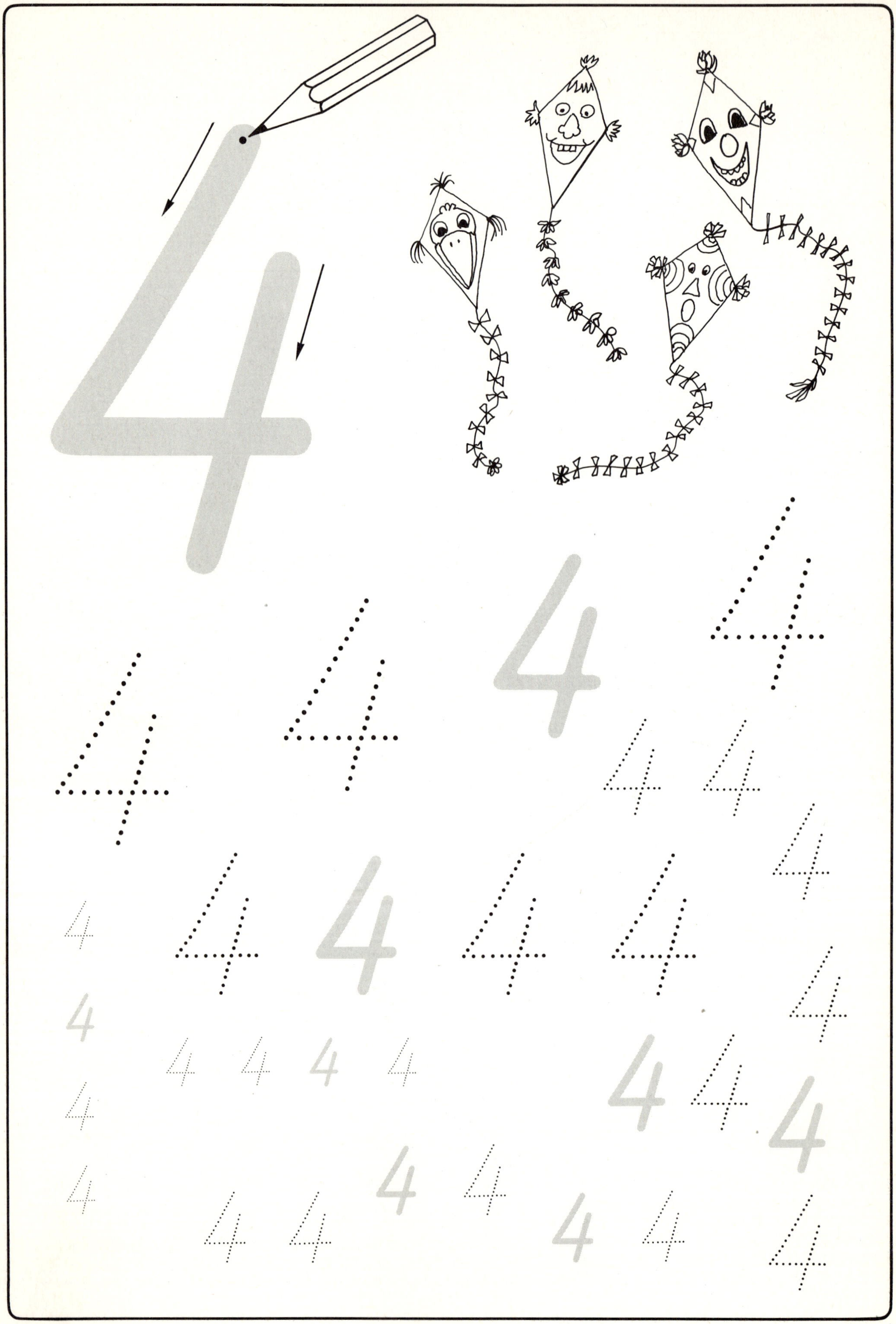

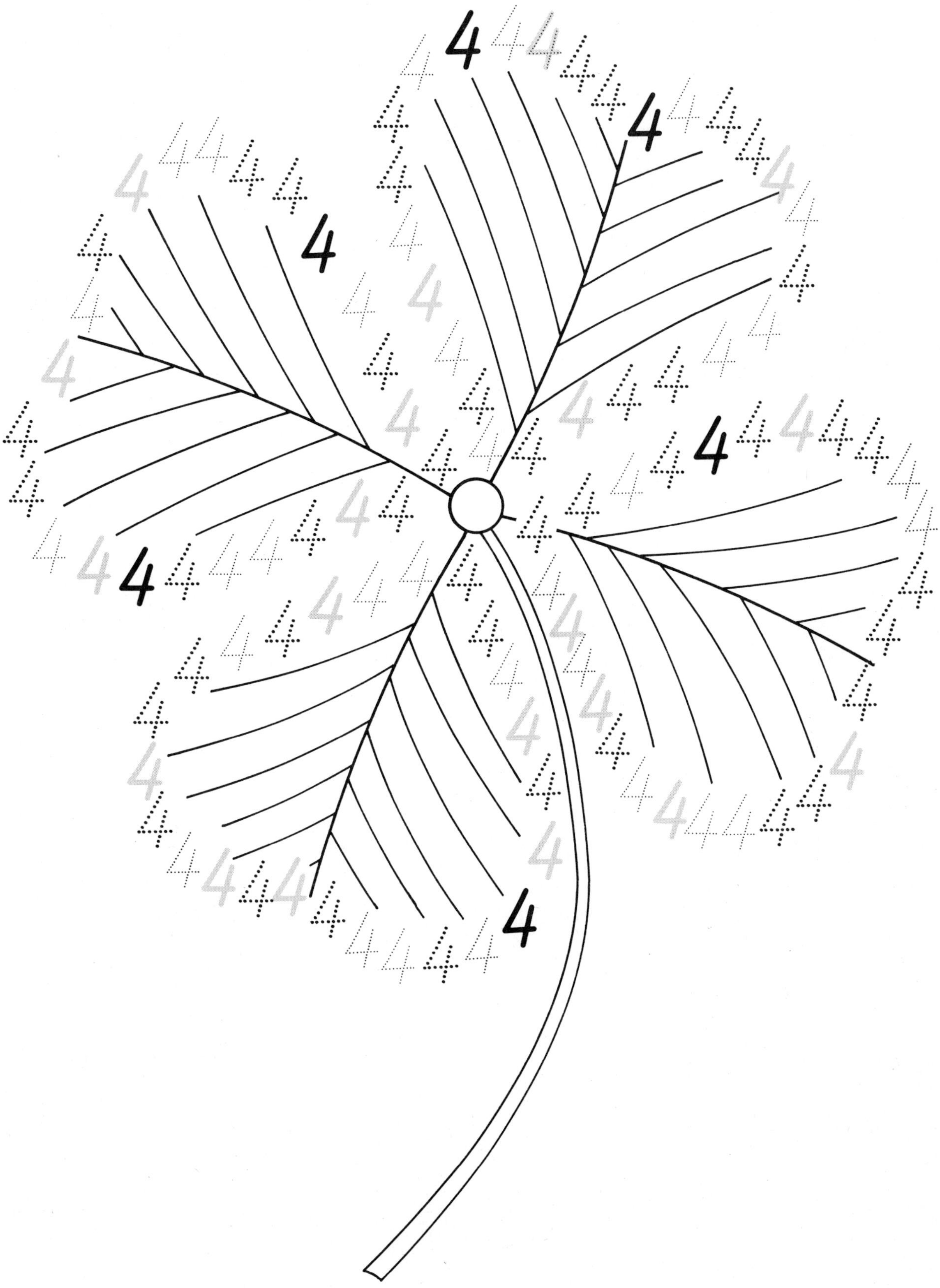

4 4 4 4 4 4

4 4 4

4 4

4

4

4

4

4 4 4 4 4

1 2 3 4

4 4 4 4

4 4 4

4 3 2 1 4

5 5 5 5 5 5 5 5 5

5 5 5

5 5 5 5

5 5

5

5

5 5 5 5 5 5 5

1 2 3 4 5

5 5 5

5 5 5

5 5 5

5 4 3 2 1

6 6 6 6 6 6

6 6 6

6 6 6 6

6 6

6 6

6 6 6 6 6

1 2 3 4 5 6

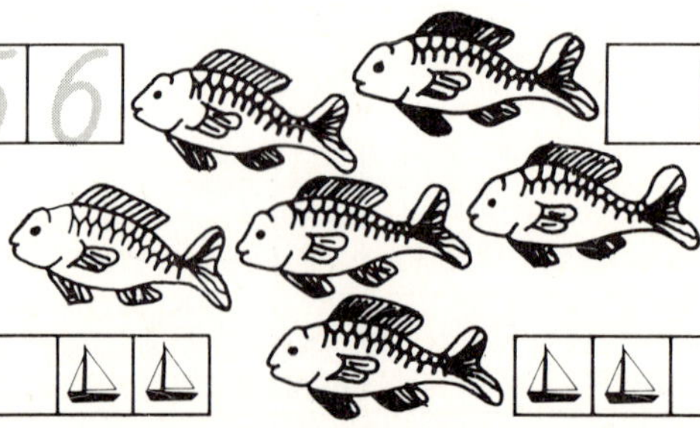

6 6 6 6

6 6 6

1 2 3 4 5 6

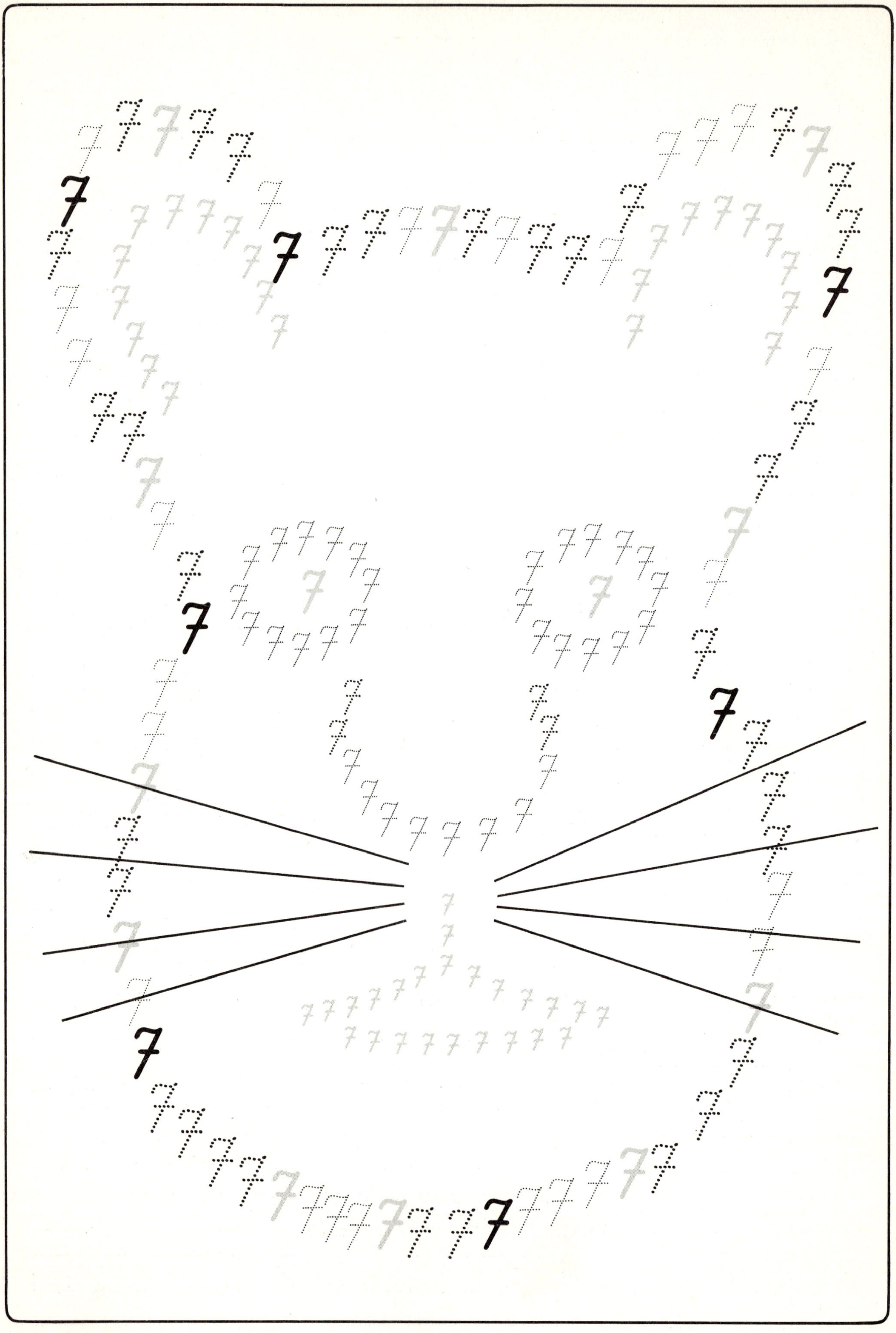

7 7 7 7 7 7 7 7 7 7

7 7 7

7 7 7 7

7 7 7 7 7

7 7 7 7 7 7

1 2 3 4 5 6 7

7 7 7 7 7

7 7 7

7 6 5 4 3 2 1

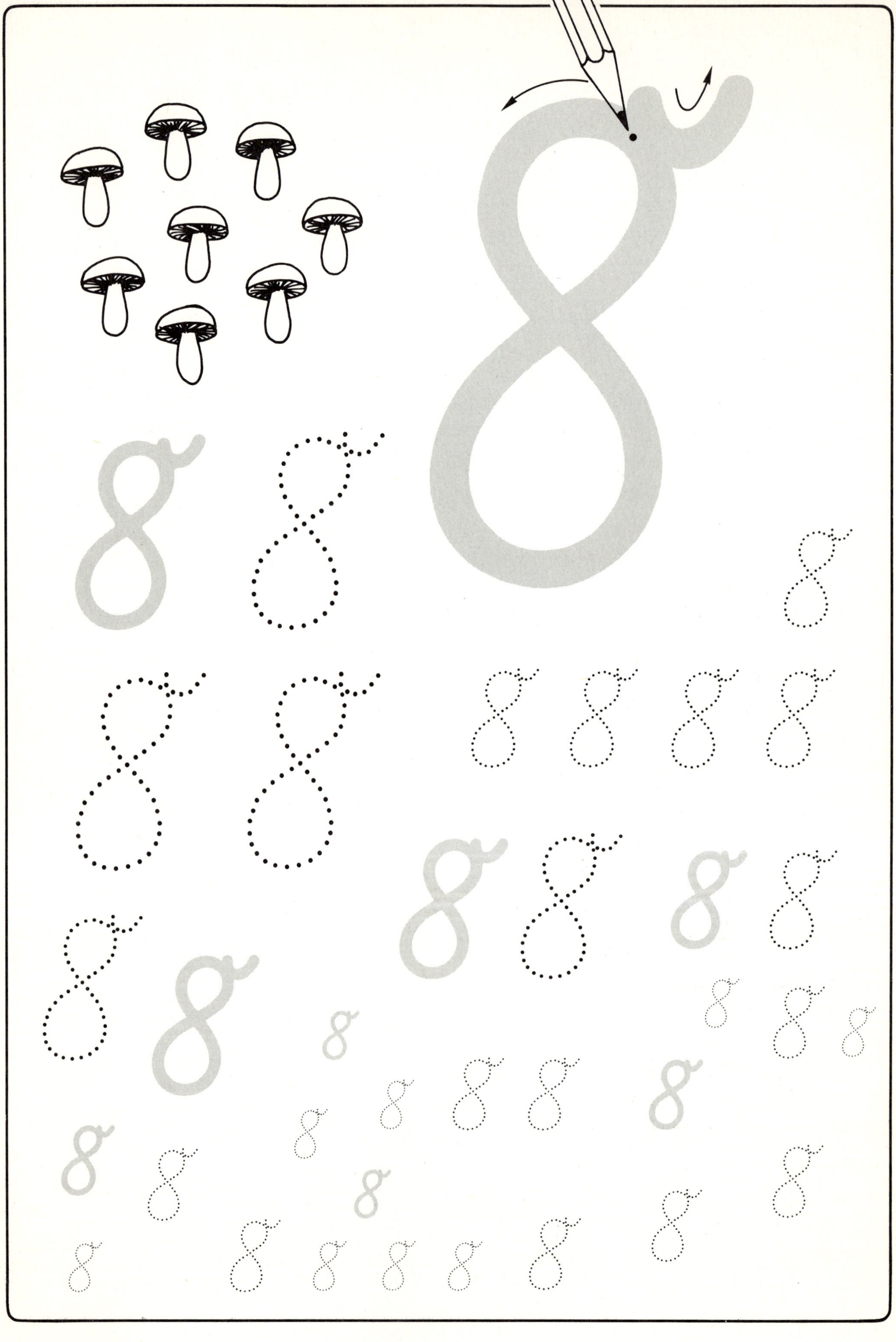

| | | | | | | | | | | | |
|---|---|---|---|---|---|---|---|---|---|---|---|
| 8 | 8 | 8 | 8 | 8 | 8 | | | | | | |

| | | | | | | | | | | | |
|---|---|---|---|---|---|---|---|---|---|---|---|
| 8 | | | | | | | 8 | 8 | | | |

| | | | | | | | | | | | | | | | |
|---|---|---|---|---|---|---|---|---|---|---|---|---|---|---|---|
| 8 | 8 | 8 | | | | | | | | | | 8 | | | |

| | |
|---|---|
| 8 | |
| | |
| | |
| | |
| | |
| | |
| 8 | |
| | |

| | |
|---|---|
| | 8 |
| | |
| | |
| | |
| | |
| 8 | |
| | |
| | |

| | | | | | | | |
|---|---|---|---|---|---|---|---|
| 8 | 8 | 8 | | | | | |
| 1 | 2 | 3 | 4 | 5 | 6 | 7 | 8 |
| 8 | 8 | 8 | | | | | |
| 1 | 2 | 3 | | | | | 8 |

| | | | | | | | |
|---|---|---|---|---|---|---|---|
| | | | 8 | 8 | | | |
| | | | | | | | |
| | | | | 8 | | | |
| 1 | | | 4 | | | | |

| | | | | | | | | | | | | | | | | | | | | | | | |
|---|---|---|---|---|---|---|---|---|---|---|---|---|---|---|---|---|---|---|---|---|---|---|---|
| 8 | 7 | 6 | 5 | | | | | 8 | 7 | 6 | | | | | | 8 | 7 | | | | | | |

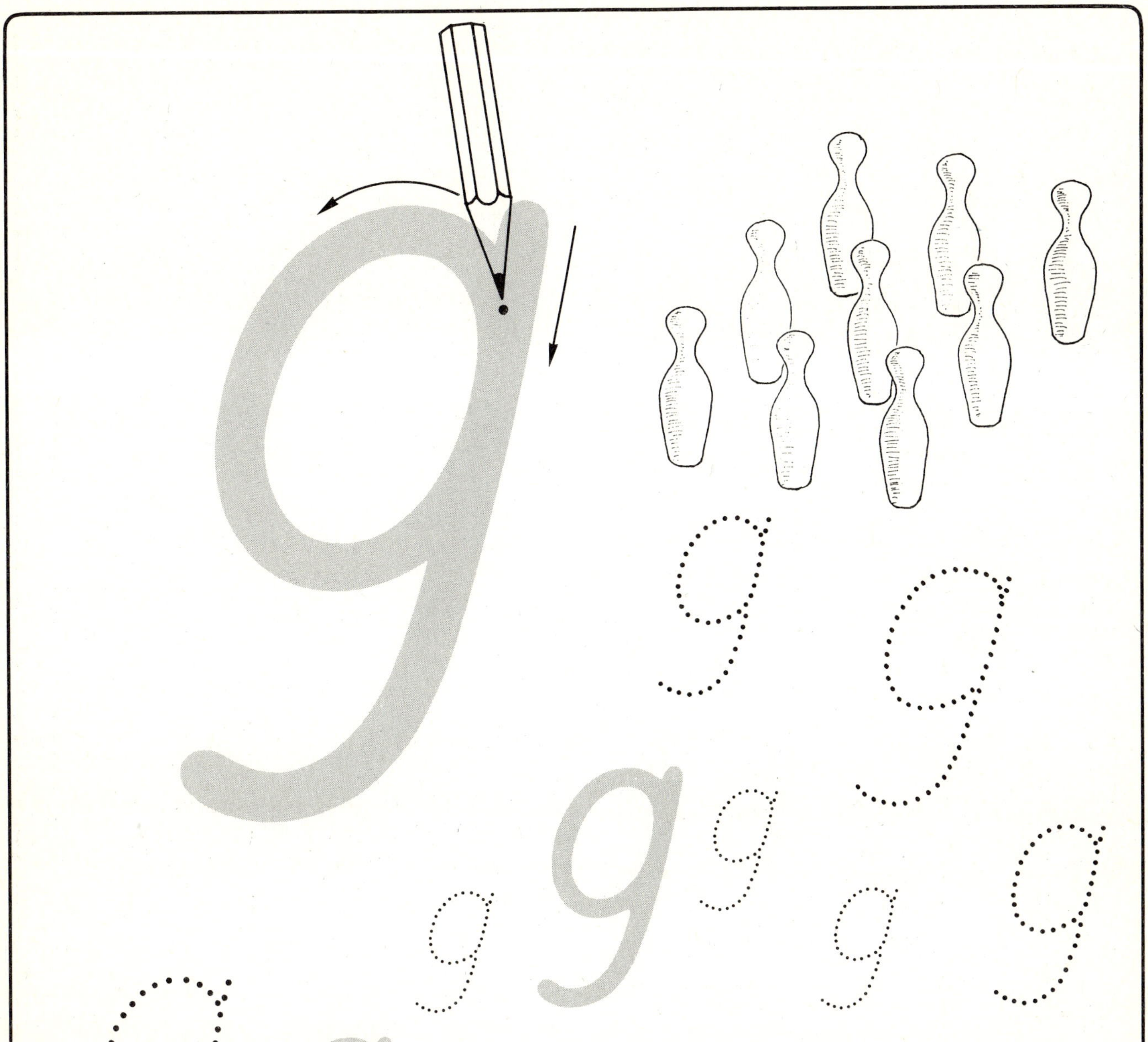

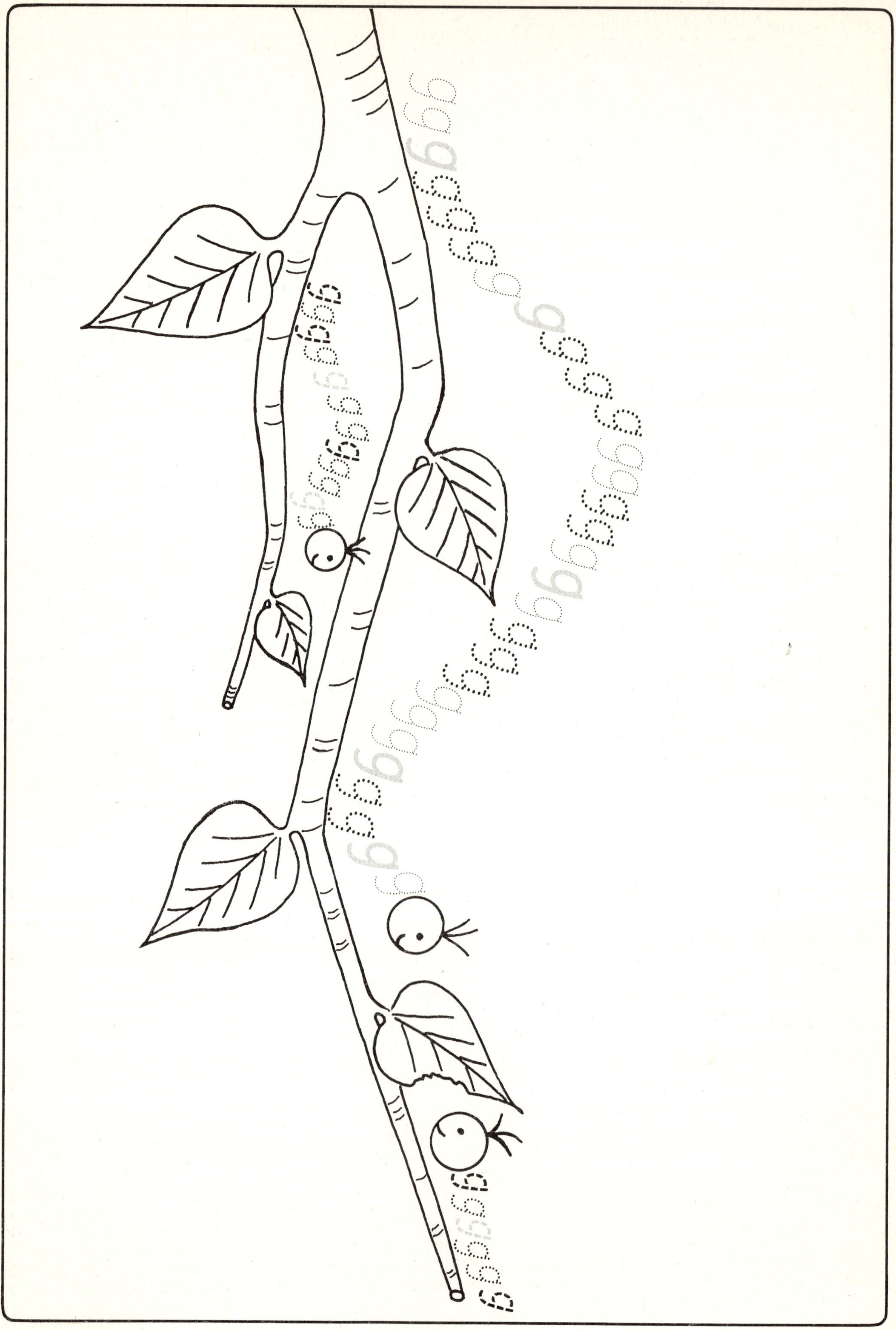

g g g g g g q q q c c c

g g g c g g

g g g c c g

g c c g

g g c g c

g g g q q c c ♡ g g

1 2 3 4 5 6 7 8 9 ♡

g g g

g

♡ ♡ 1 2 3 9 ♡ ♡ 1 5 ♡ ♡

♡ ♡ 9 8 7 ♡ ♡ 9 8 ♡ ♡

0 0 0 0 0 0

0

0 0 0

0

9 8 7 2 1 0 1 2 3 7 8

0 1 2 3 9 | 0 1 7

9 8 7 3 | 9 6 2

Lösungen der Ziffernsuchbilder

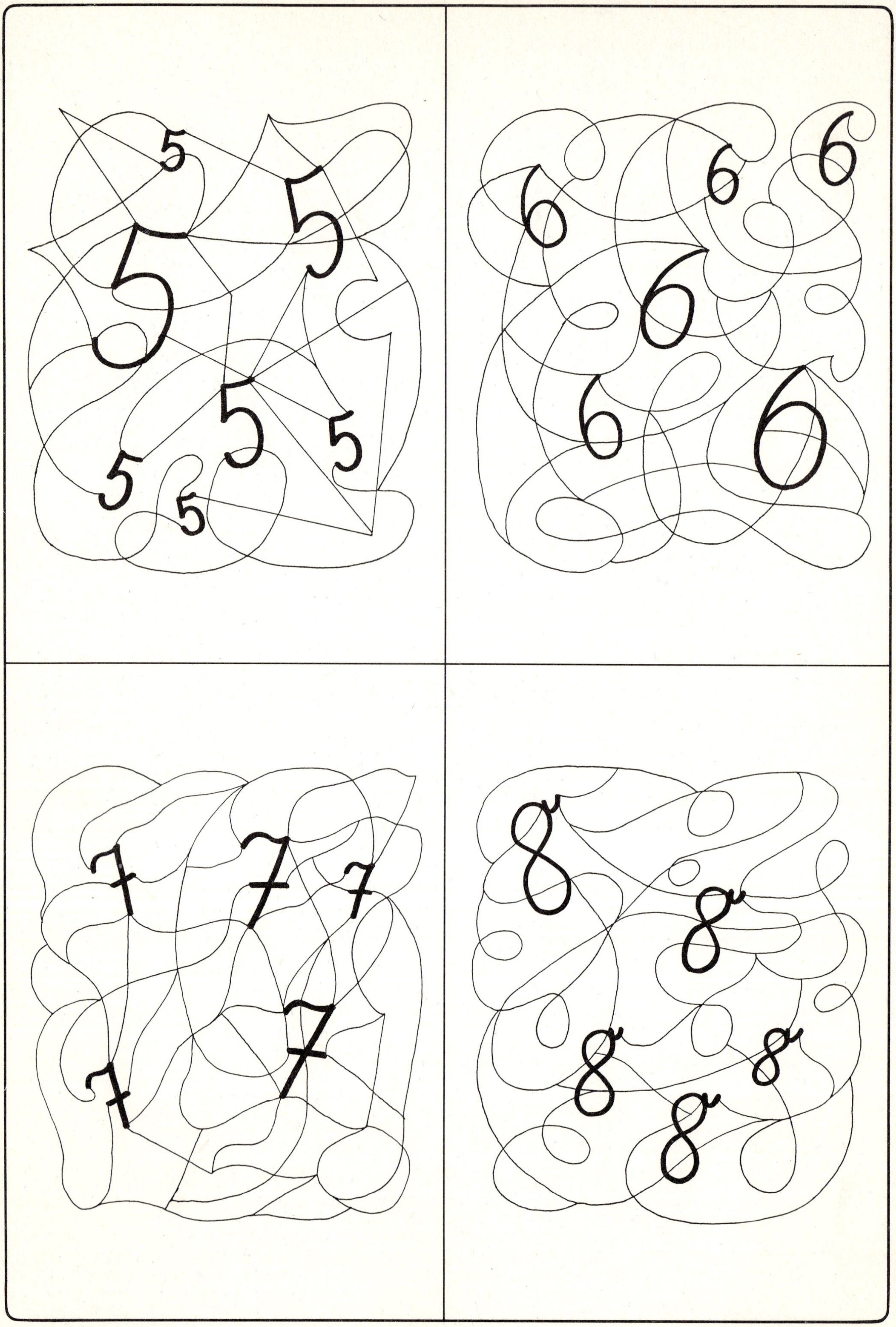